다음 계절의 처음

김정희 시집

시인동네 시인선 247 김정희 시집

다음 계절의 처음

시인동네

시인의 말

젖은 모래를 쥐고 삽니다.
손바닥과 손등, 손톱까지 끼어서.
포슬하게 말라 나를 떠나게 되면 시에서 좀 더 자유로워지겠지요.
언젠가는, 하고 다짐해 봅니다.

2025년 1월
김정희

차례

시인의 말

제1부

아아 · 13
고비로 가는 여자 · 14
돼지와 꽃 · 16
도플갱어 · 18
변태들 · 20
쌍욕 · 23
아버지와 화석 · 24
천천한 사랑 · 26
십자수 표구 · 28
디지털포렌식 · 30
엑스트라 · 32
허공을 박다 · 34
밤의 활강 · 36

제2부

백날 · 39

단속구간에 갇히다 · 40

그 많던 해파리는 어디로 갔을까 · 42

흐르는 소나기 · 44

흐린 날 · 47

갈라파고스로 가자 · 48

아라비안나이트 · 50

이슬비에 대한 예의 · 52

오월의 마늘밭 · 54

어쩔 수 없는 일 · 55

나이 팔기 · 56

사춘기는 아직 오고 있는 중 · 58

실종 · 60

제3부

휠체어와 봄 · 63

그리움은 지하 2층 주차장에도 있다 · 64

그녀의 아스피린 · 66

떠다니는 꿈 · 68

언니와 동화 · 70

통천문(通天門)을 생각하다 · 71

내 동창 창호 · 72

햇빛 사냥 · 74

면회 · 76

그림자의 정체 · 78

소녀와 방 · 80

이혼유정(離婚有情) · 82

투신 · 84

제4부

노인의 바다 · 87

내 집에는 악어가 산다 · 88

장어는 마지막 힘을 왜 꼬리에 옮겼나 · 90

그 겨울 달 · 92

남지 오일장 · 94

까맣고 작게 · 95

어부바 · 96

비밀번호 · 98

고등어 굽는 동안 · 100

환생 · 102

낮달 · 104

이상한 결론과 물음 · 105

마주치다 · 106

해설 본래적 존재와 시간성 · 107
오민석(문학평론가·단국대 명예교수)

제1부

아아

책갈피에 꽂아둔 영아,
나는 세상 제일 아까운 게
아아를 사 먹는 거야
왜,
한번 쭉 빨아댕기면 얼음만 남아

단란한 가정에 성실한 남편에 곱디고운 두 아들과 따뜻한 집을 두고 베풀 줄도 알아 그래서
나는 아아가 좋아
한번 쭉 빨아댕기면 얼음만 남는
너 앞에서 나는 망설이지 않아

얼음만 남아도 아아를 채워줄 수 있는
네가 더 잘 살면 좋겠어
나는 아아를 사 먹을 수 있어
폐부 깊숙이 아아를 빨아댕겨도 아깝지 않아
아아는 비워지지 않는 리필이야
나는 아아가 좋아

고비로 가는 여자

말젖을 짜는 여자를 압니다
마유는 희고
얼굴은 금방 캐낸 고구마처럼 붉습니다
오래된 조상의 게르에 묶여 소 떼를 먹이고 풀을 찾는 동안
그녀의 남편은 보이지 않고
칭기즈칸은 대륙을 정복했습니다
마유 과자를 씹으며
나는 2달러를 쥐어줍니다
"이걸로는 별을 가질 수 없어요"
민주주의 국가에서 사는 그녀 삶의 방식은 남루하고

그래요, 맞아요
불어날 강물도 무릎 베고 누울 목동이 없으니
별을 따서 줄게, 라는 허황한 약속 따위가 있을 리 없지요
공산주의라든지 민주주의 따위는
손에 쥔 2달러만도 못해서 별을 따러 가지 못합니다
남편은 자이승* 벽화 속에 영원히 죽어 있습니다

소 떼를 몰고
고비로 가야 할지도 모릅니다
그곳 하늘엔 밤새 별의 강이 흐르고
목동자리와 황소자리를 오가며 여자는 젖을 짤 겁니다
민주주의도 공산주의도 없는 곳에는
젖과 꿀이 흐를까요

별들에는 사연이 있을 겁니다
세상에 어떤 것이 아무런 까닭 없이 그렇듯
빛날 수가 있겠습니까

여자가 2달러를 꼭 쥡니다

※자이승전망대: 2차 세계대전 승리를 기념하며 전쟁영웅과 전사자를 기리기 위한 탑.

돼지와 꽃

대지꽃집이 사라졌다

몇 날 몇 주 꿈결은 간절했다
숙제를 빠뜨리는 날은 혼이 난다
매를 맞아야 한다
그래서 꽃을 사는 것이다

비를 만나는 태희처럼 매끄럽게 꽃집에 갔다
대지는 아름다워서 대지다
크고도 넓은 땅을 딛는다
바람은 없다
속이 비치는 모시 적삼을 두르고
고아한 기생처럼 나는 꽃을 고르고 싶었으나

짐승 태우는 누릇한 냄새 같기도 하고
장마철 억지로 말린 걸레 같은,
오래된 꽃집이 대지가 아닌 돼지로 숙성될 때
아스팔트 윤슬은 빛나지 않는다

상한 갈대 속에 맑은 피리 소리는 없다

단풍이 되지 못한 낙엽을 비계처럼 씹으며
돌아오는 길
오늘 밤 물베개 베고 잠자리에 누울 때
헛것인지 아닌지
시들어가는 과꽃잎을 떼어내며
지상에서 사라져 오래된 것을 보게 될 것 같다

도플갱어

  ○○시에서 실종된 김**씨(여, **세)를 찾습니다. -165cm, 53kg, 파마끼 있는 긴 생머리, 흰색 아디다스 운동화, 파란색 남방에 청바지, 계절에 상관없는 흰색 와이어비치 모자, 손바닥만 한 빨간 천 가방 ☎112【경남경찰청】

  난장이는 키다리가 되고 싶었을까
  죽마를 신고 한 걸음만 내디디면 먼 산을 넘어가고
  펑크 난 스타킹의 어린 소녀가 접시를 돌리는 동안
  하얀 파운데이션을 떡칠한 아내의 얼굴이
  뜨거운 여름 바다에 둥둥 떠 있더라는 문자가 왔다
  원숭이가 줄줄이 숲을 떠나고
  하마가 사자 등 위에서 텀블링을 할 때는
  물고기를 훔쳐먹던 아내도 덩실거리기까지 하더라면서

  된장찌개를 너무 졸였나
  짭짜름한 냄새가 저녁까지 남은 집
  띠띠띠띠-띠띠띠띠
  집안의 거스름이 척후병처럼 비밀번호를 빠져나온다

붉은 노을을 생각하던 남자는
거실 등을 켜지 않는다
둥글게 등을 구부리고
자식을 굶겨 죽인 어미를 생각한다

안방 아내는 깊이 잠들어 있고
안전안내문자는 반복될 것이다

변태들
— 정한용의 「나좃집에서의 만남」을 생각하며

   명태전집에서 설전을 벌였다. 우리는 작정했다. 나는 마금산 온천 막걸리를, 후배는 오늘만큼은 몹시 취할 것이 필요하므로 청춘을 마시겠다 했다. 화두는 '술상을 엎은 자'였다.

   술상을 엎은 자는 누구인가
   내게는 지금의 나였고
   후배는 젊었던 나였다
   시인처럼 20년 후의 나를 부르고 싶었으나 지금도 빙의든 듯 가끔씩 흔들리는 나를 어떻게 보장할 수 있겠나 싶어 꿀꺽, 시큼한 침만 삼켰다
   이슬은 참이야, 지껄이는 나와
   눈곱만큼 남은 청춘을 청춘 잔에 따라 청춘을 마시는 후배는 인간의 등급을 이야기했다
   맨 처음 잉여재산을 탐한 선사 시대 이름 모를 그 호로자식에 대해
   최고급 골프채로 그놈의 대갈통을 후려치고
   동굴에 갇혀 박쥐의 날개를 맛나게 뜯을 때쯤
   조금 떨어진 화장실에서 바지가 흥건히 젖은 남자가 나왔다

어쩌면 우리도 저 오줌 방울들에서 나왔겠지
놈의 바지처럼 서로 젖으며 살아가야 하는 형편이니

술상을 엎었다
빨간 립스틱 어린 것의 비틀대는 엉덩이
두 병의 청춘을, 두 주전자의 마금산 온천 막걸리가
둘의 아랫도리가 차갑게 젖자 우리는 신음을 뱉었다
왜 이토록 지랄맞냐

양덕시장 골목 어귀에 나를 게워낸다
지금의 내가 위액 섞인 침 속에 흘러내렸다
휘청이며 잡은 것이 독하고도 질긴 년,
꼭 나 같은 년,
끝내 살아남은 나팔꽃 줄기라니
불 꺼지기 이른 시간인데
후배는 없다, 보이지 않는다

십 년은 꺼진 눈동자를 안고 집으로 가는 길

불 없는 방안에, 20년 뒤 내가 있을까
취하고 젖어서 비틀대던 아버지,
아버지의 오줌 방울이 생각나는 밤이다

쌍욕

좀 기다리질 못하고
낼이면 떨어질 텐데
단풍나무를 흔들어대는 저 늙은이

붉게
노랗게 물든,
단풍잎 하나 머리에 꽂은

에라이, 영감님
당신도 돌려 볼까요
눈알이 동에서 서로 넘어가도록
짤래짤래 흔들어 드릴까요

아버지와 화석

왕국이 없어도 아버지는 왕이 될 수 있었다
국무총리 엄마를 두고
영구 거주민인 일남 오녀와
확정된 영토
읍이 알아주는 술꾼의 역량을 갖춘 아버지는
거미나 새
혹은 뱀에게 왼쪽 앞다리를 물어뜯기고
옆구리가 튀어나오는 부상을 당했다
아버지는 가까스로 달아났지만
송진에 빠졌고
송진은 호박(琥珀)이 되어
아버지는 그 속에 보존되었다

TV에서 화석 소식을 전한다
과학이 말하지 못하는 몇 마디 진실과
묻혀 있음으로 빛나는 것들에 대해서

아버지 기일, 국산 고사리를 무친다

물컹하게 씹히는 아버지
왕도 신하도 그 무엇도 아닌,
백월산 자락 아래 당신 무덤 옆
그저 푸른 고사리로밖에

뉴스는 끝나지 않고 세상만 시끄럽다
내 아버지가
화석이 되었으리란 보장은 어디에도 없는데
흰밥을 씹는 밤은 이토록 고요하다

천천한 사랑

 수족관 벽 이끼를 긁었다 맑게 열리는 물속 주워온 이름 없는 돌 세 개 몰래 건져온 수풀 몇 포기 동그란 공기를 뿜어대는 필터 다슬기 두 마리를 넣었다

 스스로 몸을 흔드는 수초처럼 기슭에 앉는 물새 날개처럼 서로가 닿았나 보다 돌과 돌 물살과 물살을 지나 25층 아파트 없는 밤새 소리 들으며 저렇게 별들을 낳았나 보다

 한겨울, 가슴과 등 식은땀을 흘리지만 더 이상 사랑을 찾지 않는 여자의 꿈결을 건들였나 보다 새벽 세 시에 일어나 바늘에 실을 꿰어 십자수를 놓은 여자 누굴까 미친 새끼들, 이 시간에 잠이 오냐, 잠이 오냐고…… 일어나라, 일어나라 질러대는 취기의 남자 아파트가 흔들린다 폭염의 여름은 익명의 취기를 짙게 토해낸다

 까닭 없는 인연은 없다는데
 다슬기의 천천한 사랑과
 남자가 흘리는 슬픔의 강도

엑스자 수를 놓으며 땀을 흘리는 나와의 관계는

물속의 것들이 물살에 다친다
다슬기가 저쪽에서 이쪽으로 건너오는 동안
마음을 베이는 일이 없었으면 한다

십자수 표구

　사막횡단이 꿈이라던 낙타의 도시락을 싼다 바늘구멍을 통과할지 스무 몇 살에 등이 휘었다 튼튼한 물결은 향기가 강하다, 불안한 위로를 보낸다

　지금이라도 일을 구하고 싶었으나 야자수 나무에 빨래를 널고 그저 모래바람을 기다리는 수밖에 두 마리 낙타는 걸음을 멈추지 않는다 등의 혹은 비었고 심장은 무겁다 즐거운 이야기를 하고 싶었는데 그림을 버리기로 한다

　다시 바늘을 꽂으면 오래 정박한 배가 밀물을 기다린다 백사장 말라버린 수초들 한땀 한땀 명암을 넣으면 바람은 불기를 기다리고 저어기 좀 먼 곳에 밀물이 있다 푸른 하늘도 아직 멀었다 그림의 바깥에서 나는 수건을 넣고 보리차를 팔팔 끓이면 바늘은 모래 한 알을 또 집어삼킨다

　낙타도 야자수도 없는 사막에서 빨래를 너는 사람을 본 적이 있다 배는 정박한 지 오래되었고 밀물도 아직 멀었다 빨래건조대를 늘리고 집게와 수건을 좀 더 사야겠다 이름 모를 곳

에서 이것들이 오는 동안 혹시라도 바다로 갈 수 있을지 모른다 거기에 있을지도 모르겠다 벽에 못을 박고 그림을 걸고 있을지도 아직 모래벌판은 허허롭고 낙타는 없다

디지털포렌식

12시간 수술 후
목소리를 잃을 수 있다는 걱정은 사라졌다고
잠시 카톡으로 소식을 주고받으며
좀 더 오래 살 수 있을 거 같다는 얘기를 들었는데 다음날 부고가 왔다 부검은 없었고 장녀를 아꼈던 아버지 옆에 하얀 단지 하나로 놓였다 가장 예뻤던 시절의 이미지와 함께 비어 있는 장례식

떠난 여자의 전화기 속
카톡이 울고 문자도 울었다
전화번호, 주민번호, 고인이 된 부모의 생일
M, Z, I, Σ, Ǝ 등
남은 인연에 대한 여자의 정보가 동원되었고
비밀번호는 속수무책

초기화를 시키면 생전의 정보는 사라진다
남편이나 자식 그 흔한 애인도 없이
풀리지 않는 전화기에 울리는 메시지는 창업 소개, 투자나

보험 권유, 비데나 정수기 청소 문자 등
　만나지 않을 인연들

　향 하나로 남는 생. 그녀의 냄새는 어땠을까 정종 잔을 세 번 돌린다 그 짧은 순간 어쩌면, 그래도 전화기 속에 남은 인연들이 궁금해지는 것이다

　아무것도 없을지도 모를 판도라 상자를 충전하는 것이다

엑스트라

나는 배우다
인해전술의 이름 없는 병사
반지 제왕의 오크 괴물
의자왕의 777번째 나인
덩어리로 굴러다녀야 하는
이유도 까닭도 없이
수만 개 점 속에 찍힌 이름 없는 점
먼지 속 먼지라도
최상의 무용지물이 되어야 한다

오늘 배역은 깨진 질그릇
콩쥐의 수고를 헛것으로 만드는
눈물 떨어지는 바닥도 아닌
틈을 막는 두꺼비 등도 아닌
비질에 쓸려 도랑에 던져지며 끝나는 배역
바윗돌 깨뜨려 돌덩이
돌덩이 깨뜨려 돌멩이
돌멩이 깨뜨려 자갈돌……

아무도 눈치채지 못하게 부서지며
모래알이 되는 나는,
늘
레디 액션!

허공을 박다

8월,
참새 한 마리 아스팔트에 누워 있다
눈이 멀었거나
더위를 먹었거나
달리는 차를 쳤거나
사는 게 왜 이러냐…… 허공을 박았거나

부리를 적셔준다
가장 힘 드는 일이었다는 듯
눈… 뜨… 는… 놈

백조가 된 못난 오리를 꿈꿨지만
별자리를 읽을 줄도
바다 냄새 맡은 적 없어
떠날 줄 몰라 잃을 길도 없었던
허공만 바라본 것은 아닌지

차갑고 서늘한 그늘이

제게로 스며드는 노을을 받으며
주검을 염하고 있다
괜찮다는 듯
아무 일도 아니라는 듯
눈 뜬 놈의 머리 위로
끈끈한 여름 저녁이 천천히,
아주 천천히 저물고 있다

밤의 활강
— 태풍 전야

가을바람 소리 창문을 여니
거미 한 마리 사선을 엮고 있다
날이 가을을 모느라 밤바람 흐린데
진척이 상당하다
폭탄 안은 비행기들이 허공을 지른다
가미카제다

창밖 저 멀리 붉은 신호등
얽힌, 지독스레 얽힌,
어떤 이의 죽음도 천천히 오지 않는 법
밤이 아니었다면
나만 몰랐을 일이다

전쟁은 아직 오지 않았다

제2부

백날

백합으로 가득 찬 방문을 잠그면 아름다운 자살이 된다고
두통보다 역겨운 향기에 멀미를 쏟았다
그런 날 꿈엔,
무슨 조화 속인지
파란색, 빨간색, 흰색의 소용돌이 앞을 서성이며
조심조심
아슬아슬
나는 용케도 살아남았다

핑크로즈, 또는 백합을 즐겨 산다
스스로 자신을 피우는 꽃잎의 향기는
온 밤을 삼키고
숨통을 조일만큼 주름이 늘고
꽃잎이 하루를 살면
백날을 살면
나는 자꾸만 살아나고
더 활짝 피어나는
핑크로즈, 또는 백합

단속구간에 갇히다

 바다에 가려 했는데 버스를 잘못 탔어요 36번을 타야 했는데, 63번이 뭐예요 내가 탄 버스는 늘 이래요 이름표를 거꾸로 달거나 바퀴가 돌부리에 걸려 부서지거나 나사못에 주저앉아 종착역은 닿지 못했죠 구간… 단… 속…이라는 말이 있죠? 관광버스처럼 무조건 달리고 달려서 어디든 닿고 싶은데

 학교를 그만뒀어요 그때였나 봐요 공장에선 납땜 찌꺼기가 작업복 위로 흘렀어요 몸에 구멍들이 났어요 내 스무 살은 길바닥에 닿는 비눗방울 같았죠 가뭇없이 터져버리는 그런 날은 공장 앞 리어카 문어 다리를 오래오래 씹었어요

 애야, 속눈썹이 너무 길었구나 엄마는 벚꽃처럼 사라졌어요 검은 강물을 자르며 엄마가 내게 말해요 속눈썹이 긴 여자는 팔자가 세단다 하얀 시트 위로 속눈썹이 흩어져 내려요 엄마는 벚꽃처럼

 느리게 느리게 달려요 스무 살은 초원을 뛰쳐나와 바다로 질주하는데 나는 어디든 닿고 싶은 스무 살이에요 포말에 두

발 담그고 먼 곳만 바라보고 싶은, 한껏 자란 속눈썹만 헤아리는

그 많던 해파리는 어디로 갔을까

언젠가, 해파리를 보았다
하얀 방랑자들
뻔한 속 내보이며 너울거릴 뿐
그저 되풀이할 뿐
바다 잃은 등대는 불빛도 잃었다
다 떠나버릴 바에야
무엇 하러 그리도 강렬했던지

반짝이며 살 거라
엄마는 이른 저녁까지 지지 않는 낮달이 되었고
바다도 강도 되지 못한 소주잔 속에 내가
무릎을 모으고 울고 있다

휘청거리는 걸음으로 바다로 가야겠다
이유 없이 쓸려갔다
까닭 없이 밀려오는 것들
뒷걸음치는 바다는 더 멀어지는데
나를 닮은 것들이

어디쯤에 있는지 확인하고 싶을 뿐이다

그 많던 해파리는 다 어디로 갔을까
바깥은 깜깜하고
아무것도 보이지 않는다

흐르는 소나기

1.
타임캡슐을 묻는다
나는 그것을 심장 속에 넣기로 하였다
계집이라 하여 엄마는
한여름 태생인 내게 한겨울 이불을 덮어두었다
심장은 뜨거웠고
그것은 무덤이 되었다

2.
아이가 직소 퍼즐을 맞춘다
하늘은 맑고 미루나무는 잔잔하다
징검다리엔 물장난치는 소녀뿐
―개울물 맞추기가 어려워
―물의 결을 찾아봐
울퉁불퉁하고 이상한 조각들을 구겨 넣는다

생을 지나는 동안
느닷없이 소나기가 내리고

얼굴도 모르는 소년은 꿈결마다 찾아와
넘치는 물결을 맞추려 하였으나
세상은 타임캡슐 무덤이 되어
늘 심장이 아팠다

퍼즐 조각을 집어 든다
풀숲엔 붉고 노란 꽃들을
소녀의 흰 옷자락에 흙탕물 얼룩을 끼워 넣는다
만나지 않으면서 만나고
만나면서 만나지 않았던 사람들처럼
한 번쯤 우리에겐
세찬 소나기가 필요했던 것이라고
조심조심 물의 결을 맞춘다
졸졸졸 사랑이 흐르면 소년도 흐를까

3.
아이와 직소퍼즐을 맞춘다
넘치고 깨져 맞출 수 없는 물결들

아무도 모르게 그저
—어쩔 수 없었어

내 심장은 또 하나의 무덤을 만든다

흐린 날

학교에서 배우긴 했는데
그래도 어떤 날은,

전자석이 붙은 것도 아닐 텐데
도대체 어떻게 알고 구름들은
알아서 모이는 걸까

그게 순리야, 라고 절대 말하지 마!

아는데, 그래도 대체, 왜,
도저히 그 까닭이 궁금할 때가 있다

갈라파고스로 가자

> 나는 밤마다 우는데 귀먹은 거북들은 나를 돌아보지 않아
> 끝없는 숨바꼭질을 하며 더 깊은 곳으로 숨어들 뿐

 떠난다 했다 눈이 맑은 활어를 고르고 고기가 어항에 든 지 얼마나 되는지를 알아채던 그가, 알을 낳을 거라 했다 꼬꼬댁 꼬꼬 열 달 품은 알이 깨어나지 못했다며 목이 빨갛도록 울더니 갈라파고스로 간다 했다 우리는 서로 갸웃했지만 꼬꼬댁 꼬꼬

 무소식이 희소식이라더니! 열대야 기구 속의 그, 안녕, 거북! 바다를 일구고 우체국을 찾느라 헤맸다고 꼬꼬댁 꼬꼬 우리는 난리였다 그럴 줄 알았다고 뭐든 할 사람이라고 바다를 갈아엎어 옥수수며 감자를 심겠지 바다 밑은 붉고 푸른 당근으로 넘쳐날 거야 바닷물로 커피를 끓이고 낮잠을 즐길지도 몰라 꼬꼬댁 꼬꼬

 닭들이 죽어난다 뉴스는 기침했다 콜록콜록 그릉그릉 우리는 속삭였다 닭이 울지 않는다고 여름에 폭설이 내리고 겨울엔 홍수가 넘쳤다 달걀이 거북을 낳았다는 소문을 들었다

우리도 가자 종이비행기를 타자 허공에 감자며 옥수수를 심자 창공을 뒤집으면 붉고 푸른 당근이 넘쳐나겠지 열기구가 떠 있고 날아오르는 비행기 비행기들 안녕 안녕 거북! 해를 치는 거북들 새벽이 오는데 거북들은 노래 불러 *꼬꼬댁 꼬꼬* 순풍순풍 비행기엔 알들이 눈처럼 쏟아지겠네 날개를 달고 하늘을 헤엄치겠지 *꼬꼬댁 꼬꼬* 바위 밑을 들춰봐 우리 차례야 우리는 술래야 이번엔 우리가 술래야

해먹에 누워 오수에 잠기자 그리고 갈라파고스로 가자

아라비안나이트

세에라자드야,
이 밤, 누군가가,
너의 꽃을 말리려 하는구나
섬광 같은 눈빛을 맞추자면
천 개의 밤은 구겨야겠는걸
짐꾼을 나무라는 처녀가 되겠느냐
성실한 어부를 병 속에 가두는 악마처럼
세 개의 능금으로 어진 사내를 유혹하는 덫도 놓아보렴
사이키 조명 아래 전설이 흐르네

어떤 이야기든 시작해야지
새벽이 오지 않아도
애인이 너를 보지 못해도
죽지 말고 살아 천일 밤을 걸어가 보렴
산다는 건 그런 거란다
밤마다
천 개의 이야기를 준비하며 사는 거란다

저기, 미어지는 것들이,
간절한 통증들이 다가오고 있구나
세에라자드야,
어서, 이야기를 풀어 놓아보렴

이슬비에 대한 예의

목욕 바구니 끼고 돌아가는 길
젖은 몸에 비 내린다
이 정도쯤이야 얼마든 맞아줄 수 있다
통째로 나를 맡길
젖음이 있다는 것이 어디냐
이대로 팔을 뻗으면
길 늘어진 저 끝 어디쯤으로
돌아갈 수 있을까
시소에
미끄럼틀에
그네에
젖음을 나눈다
인생의 반환점을 돌아오는 동안
젖는 것을 생각했다
삶의 비듬이 깃털이 되면
잠시라도 날아오를 수 있을까
뜨거운 욕조의 하얀 새는
금세 땅으로 내려앉곤 했는데

반환점을 도는 일은
다시 하얗게 되는 것
멀어지는 집을 잡아당기는 것
뻗은 팔을 접으며
비밀번호를
천천히, 아주 천천히 누르는 것
이슬비도 내게
흠뻑 젖었다

오월의 마늘밭

뱁새 둥지에 새끼 맡긴 뻐꾸기 울음이 얼마나 예민한지
한순간 네게 닿을 햇살 멈칫했는지
내게 이야기하지 마라
무화과의 아픔에 대해 벽장에 숨겨놓은 술병에 대해
도랑가 거머리 흡반에 대해 조금 뒤 피어날 밤꽃에 대해
어떤 말도 하지 마라
소쩍새 울음이 아카시 그늘에서 저리 피고 있다고
찔레 가시에 눈이 찔려 자꾸만 눈물 난다고
네 허공에게 소리쳐라
돌아보면 눈물인 너

허공이 늘어가는 오월의 마늘밭
네 빈자리를 더듬어본다
꽃 피면 안 될 자리
눈물이 꽃이 되는 자리
떠난 뒤에야 돌아보는
기억나지 않는 내 전생 같은 자리

어쩔 수 없는 일

내가 꽃이었을 때
꽃이 아름다운 줄 몰랐다

더 이상,
내가 꽃이 아님을 알았을 때
꽃이 지고 있었다

나이 팔기

아이들에게 나이를 팔았다
A에겐 10살을
B에겐 5살을
C에겐 1살을 덤으로 11살을
급작스레 어른이 된 아이들은
책을 덮고
염색에 하이힐에 멋진 차에
룰루랄라
스무 살의 우리는 동갑인데
어라, 이게 뭐야,
납땜 구멍투성이 작업복의 나는
수출자유지역 후문 앞 네거리 빨강 신호등 아래에서
딱딱한 문어 다리를 씹어가며
닳아가는 운동화 코로 땅만 콕콕,
찍어내고 있었다
고장(故障)을 밥 먹던 보일러를 걱정하고
삼거리 복판, 구국 선열처럼 잠들어 있을 아버지
리어카를 구해 집으로

그 먼 집으로 아버지를 싣고 가야 할 텐데

얘들아, 나이를 돌려줘야겠어
뜨겁든 차갑든 견뎌야 하는 것이 있어
괜찮다, 괜찮다 다독여야 하는 것이 있어
팔 것도 살 것도 없는 지천명
그래도,
아직 기다려야만 하는
어떤 색깔의 불빛이 있어

사춘기는 아직 오고 있는 중

편의점 컵라면이 끓는 시간은 미지수
버스정보 안내기를 지나간 100번 버스가 열 대째
배차 간격은 8분인데
정수기 물이 끓지 않았나 보구나

아직도 아직도 깡깡 멀었다고!

부정하고 거부하고 반대하고 투정 부릴 때
열두 시는 벌써 문 앞에 도착했는데
휘몰아치는 붉은 달과
하얀 해, 시든 꽃과 깃털 빠진 새가 되어
너는 어디선가 잠든다

오고 있기나 한 거니?

어린 엄마가 양은밥솥 밥을 태우며 기침을 한다
두 귀, 입술, 코는 링에 뚫려
젖꼭지에선 열꽃이 피고

스무 해도 더 오래전에 죽은 오빠가
아직도 소나무에 목을 맨 채 파란 혀를 빼물고
휘파람을 분다

나도 펄펄 끓는 라면이 좋아!

데이지 않게, 물집 터지지 않게 흉지지 않게
라면을 먹자
뜨거운 건 천천히 먹는 거야
새벽이 올 때까지, 내일이 올 때까지

대체 어디까지 온 거야?

실종

　우리는 옆에 없는 어떤 아이를 떠올렸다 경찰은 변명했고 인공위성은 아이 찾기에 실패했다 삼혼 사혼 정수기 판매가 거론되었다

　아이파크녀가 말했다 가방을 바꿔야겠어 메트로시티녀도 말했다 차를 바꿨어 술잔 속에서 남편과 집과 학력과 애인이 출렁거렸다 소주는 차갑고 맛은 견고했다 마스카라 속의 눈들이 쏟아질 듯 반짝이고 밤은 끝나지 않았다 그 아이처럼, 무쌍에 납작한 코 엉겨 붙은 머리카락 목젖을 드러내 닭똥 같은 눈물로 울던 밤은 잊었다

　너무 슬프게 울었어 목젖이 빨갰다고 부끄럽지 않았을까

　어떤 말을 지껄이긴 했는데 아무도 듣지 않았다 붉은 신호등 횡단보도를 걸어도 엘리베이터 문이 저절로 열려도 집 비밀번호가 몇 번이나 틀렸는데도 아무도 눈치채지 못했다

　그날 아이는 다시 실종되었다

제3부

휠체어와 봄

늙은 여자가 더 늙은 여자를 밀고 간다
더 늙을 일이 없는 여자와
늙을 일이 조금 남은 여자는 다정하다
늙도록 익숙한 길
더 늙은 여자의 어깨 위에
조금 늙은 여자가 손을 얹는다

수국은 별을 닮았구나
우주별이 내려온 줄 알았구나

보라에 희고 붉은 길의 끝으로
휠체어가 굴러간다
이 길을 돌면 다음 길이 있다는 걸
다 안다는 듯 오래전에 알았다는 듯

두 여자 다음 계절의 처음으로 걸어간다
거의 왔구나, 하면서

그리움은 지하 2층 주차장에도 있다

낙엽 두 장을 어디서 태웠더라?
휴가 중에 들렀던 카페거나
무언가의 파편에 베여 모래 틈으로 붉은 피 스며들었던 해변의 포장마차거나
또는
일부러였는지
정말이었는지
망설인 이유를 굳이 변명하고 싶지 않은
어느 모텔 앞이었는지

손등을 뒤집으면 붉은 손바닥
푸릇한 잎사귀 달린 잎맥 같은 실금들
네게 가는 길이 이랬을까
걸핏하면 신호등에 걸리고
60km 제한속도 표지판을 세우고
방지턱은 복병처럼 엎드렸지
나는 두 손을 쥐고 울었어
4월 벚나무 아래는 너무 하얘

두 손가락 그러쥐던 그날처럼

지하 2층 주차장에 그리움이 따라왔다
데려온 것이 아니라 찾아온 듯
그 길 멀고 깊었는지
갈라지고 찢어지고 빗물에 베인 벚꽃처럼
흰 백열등 아래 두 손 꼭 쥐고서

그녀의 아스피린

비바람 심했던 며칠 전 호프집 여자가 우는 걸 보았다

오징어를 굽고 토끼며 풀잎 모양의 과일 접시를 준비하며 튀김용 연기 때문인지 연신 코를 훌쩍거리며 마지막 손님인 내가 자신을 바라보며 의아해할 때까지

여자는 가끔씩 욕도 한다 누구에게 퍼붓는 것인지 알 수 없지만 가끔씩 길고양이에게 안주를 던져준다 그럴 때면 울음을 멈추고 집중한다 이빨 자국이 남은 소시지는 가위로 잘라주며 가로등도 졸고 있는 *비 오는 골목길에 두 손을 마주 잡고 여자의 손을 할퀴듯 물고 가는 고양이는 호프집 앞 폐타이어를 떠나지 않는다*

단골용 안주라며 내놓은 구운 전복 두 마리 수족관 바닥에 떨어져 있던 놈이라며 집 나간 서방 새끼를 꼭 닮았다는데 붙어 있어야 사는데 붙들어야 되는데 호프 한 잔에 아스피린을 삼키며 여자가 운다

호프집 격자문 안엔 불빛이 환하고 남자들이 수시로 들락거렸다 나와 그녀는 종종 친절약국에서 아스피린을 사며 서로 다른 곳을 바라보고 있다 얼마 동안은 약국에서 그녀를 보지 못할 것 같다

떠다니는 꿈

　간혹 나뭇잎 위에 서 있곤 한다
　천공 뚫은 전봇대 위거나 꿈속이거나 빛이라곤 들지 않는 대밭에서 지네의 젖은 울음소리를 듣거나 저수지 밑 가라앉은 낚싯배를 응시하거나 빙의 환자처럼 까딱까딱 앞으로 뒤로 까딱까딱 흔들리거나

　냇가에는 숟가락이 빠져 있고 오래전의 엄마가 밥상을 엎고 나는 순간이동을 한다 폐경이 언제 적이었나 낳지 않은 아이를 고쳐 업으면 아이는 울지 않고 띠는 흘러내리지 않는다

　퍼뜩, 눈을 뜨면 저벅저벅, 쉴 틈 없이 꿈이 걸어온다 술에 절어 다리에 누운 아버지 죽은 사람은 말을 하지 않는다던데 심장이 차에 깔린 아버지가 말한다 민들레처럼 앉아봐 검은 장대가 받쳐줄 거야 뿌리 같은 거 내릴 생각일랑 행여 마

　나뭇잎 위에서 뛰어내려야 발을 디딜 텐데, 까딱까딱 왜 이리 흔들리지? 어제도 내일도 아닌 어떤 곳, 어제와 오늘의 중간 어디쯤에서 꼭대기, 저 꼭대기 끝 나뭇잎은 자꾸만 나를 흔

들고 나는 아이가 떨어질까 봐 띠를 고쳐매고 있다

깊이 잠들지 못하는 꿈이 점점 늘어만 간다

언니와 동화

편지를 받아본 적 없는 두꺼비는 슬펐다. 늘 편지를 기다렸다. 우체통은 낡게 붉었다. 외로워, 외롭다고! 친구인 개구리가 편지를 썼다. "네가 내 친구라서 좋아. 네가 친구라서 고마워!" 개구리는 우체통에 편지를 넣었다. 편지가 두꺼비에게 오는 시간은 길었다. 오래 걸렸다. 두꺼비가 말했다. 너무 외로워. 그래서 슬퍼. 기다려 봐. 편지는 올 거야. 누가 내게 편지 따위를 쓰겠어. 나는 틀렸어⋯⋯ 편지를 든 달팽이가 오는 시간은 길었다. 돌멩이 하나, 풀 한 포기를 건너고 또 건넜다. 해가 갔고 달이 왔다.

이런 동화를 읽었다.
며칠 뒤, 언니가 말했다.
동생아, 우리 행운은 달팽이가 들고 있나 봐. 그래서 천천히, 아주 천천히 올 건가 봐.

두꺼비는 편지를 기다리고
개구리는 두꺼비를 위로하고
달팽이는 또 돌멩이를 넘고 풀 한 포기를 넘고⋯⋯

통천문(通天門)을 생각하다

통천문이라니, 세상에
심장 멎는 줄 알았다니까!!!
나를 감춰야 되는데
고양이 앞 생쥐처럼 비굴해져야 하는데
나는 그만 한기(寒氣)를 잔뜩 안고
날다람쥐가 된다

통천문 앞을 서성이는 건 꿈속을 헤맨다는 것
검은 초록으로 덮인,
그 풀잎보다 깊은 검음을 엿본다는 것
할미꽃 난만한 세상의 결을 만지는 것
배가 아파 죽을 뻔했는데
죽는다는 건 그런 게 아닌데
검은 풀의 경계를 넘어가 다시 돌아오지 않는 것
주제 없는 흑백의 수다를 떨다
소스라치는 냉기에 꿈을 깨는 것

밤새, 입술에 개옻물이 시커멓게 배어들었다

내 동창 창호

동명인 누구는 나라도 구했다는데
나는 아직 이러고 있다고
가정도 이루지 못했으며
쇠 공장 용접공으로 일하고 있다고,
어떨 때는 사는 것이
찌그러진 주전자 같아서
벌건 쇳물에 녹여버리고 싶다고,
듬성듬성 수염뿌리 코팅장갑에 쓱, 문질러대면
벌겋게 돋아나는 생채기
만나면 그나마 편해서
먹고 사는 걱정 잠시 버려둘 수 있다며
소주 석 잔에 눈시울 벌개지는
그때 고만고만한 것들 복숭아처럼 다가와
괜찮다 괜찮다 아직 괜찮다
혼자 앓는 병 있겠니
눈 목 머리 파먹히고
몸뚱이만 춤추는,
갈 곳 없는 은신처를 말하고

비 오는 날마저 따라 앉는 그림자를 말하고
흔들리지, 맨날 흔들리며 살지
어렸던 동창들, 삐뚤빼뚤 웃는다
누군들,
누군들 하면서

햇빛 사냥

밤을 주우러 숲으로 갔다
개옻잎과 독오른 뱀의 비늘은 색깔이 닮았다
눅눅한 도심가 아파트 놀이터
아래로 위로 그네가 흔들리면
그억그억 거위 소리가 난다며
아이가 폴라포를 깨문다
포도맛 수박맛 딸기맛 얼음은 아이 입속에서
찰랑찰랑 별이 부서지는 소리를 냈다
늦가을 숲은 햇빛을 열매로 달아 가지 끝에서 반짝인다
먼 데서 온 별빛처럼

어린아이가 숲으로 간 까닭은
밤은 누군가가 주워갔다는 것
개옻과 뱀의 비늘은 색깔이 닮았다는 것
놀이터에서 들었던 거위 울음소리는
그네가 녹슬어 삐걱거렸다는 것을 알면서도
모르는 척하는 일은
꽤 괜찮을 때가 많다고

한여름 낮,
아이스크림 할인매장에 하늘색 소다맛
햇빛 사냥이 가득하다
그 맛 알지만 먹을 리 없는데
살갗에 소름이 오도독하다

면회

늦가을 햇살이 형무소를 두드린다
은행잎 날리는 면회실 바깥은
철근공이었던 당신의 이력보다 쓸쓸하다
이번에는 오래 걸릴 것 같다는 당신 눈물이
붉은 녹으로 걸렸다
하늘이 천년을 빌려준다면
사랑만 하고 살겠다던 당신의 입술은
이제 노래하지 않는다
비에 젖은 가축처럼 덤덤하다

울타리를 두르는 철근은 녹슬었고
밥 짓던 처녀 뱃사공은 세 번 개가를 했다지
몇 개 뚫린 구멍 사이로 전하는 서로의 안부
말기 간질환자 낯빛처럼
자꾸만 노래지는 시월 낙엽이 진다고
이렇게 또 계절이 간다고
춥지 않게 지내라, 당신의 겨울을 버텨줄
지전 몇 푼 쥐어주고 돌아오는 길

따뜻하고 밝은 내 집
아이들 웃음소리 고소한 밥내
그리 가깝고 멀지 않은 우리
잊거나 잊혀도 서글프지 않을 우리
노을 진 서녘 하늘 밑
아까 떠나온 그곳을 보는 내 눈도
집으로 돌아가는 자동차처럼 붉은 신호등에 걸리고

그림자의 정체

데크 밑을 흐르는 거센 물살
그 틈에 밤의 불빛이 끼어 있다는 사실을,
믿을 수 없다
빛은 어둠이 놓고 간 그림자다
낮의 바람과 물이 수풀 사이를 흘러가며
붉고 푸른 소리를 낸다
다 좋다 그러나,
낮은 왜 숨는 것일까
겨울, 아랫목도 얼던 시절
팔다리 머리 집어넣고
이불 들어 보던 바깥
얼어 있는 그 세상 무섭기만 하던,
이런 밤을 걷는다는 것이
저 물결 속으로 또 무엇을 흐르게 할까를
생각한다는 것이 믿기지 않는다는 것이다
뭔지 모를 것을 감추고 싶다
저 물결 속으로 흐르고 싶다
낮이 제 모습을 감추는 그 연유를 뻔히 알면서도

어떨 때는, 그 까닭을
몸서리치게 못 견디는 것이다

낮의 안부를 묻는 것이다

소녀와 방

큰아이가 방을 달란다
혼자 있고 싶단다
누구든 그럴 때가 있지
쪽방에서 가지는 자신과의 밀회

반짝이는 시간 담길 포장지 접히는 동안,
혼자 견뎌야 할 일이 낯설 무렵,
누구든 저들만의 쪽방에 갇혀 있음을 알았을 때
영원의 공간에서
영원한 방을 소유하게 된 너를 발견하게 될지도

채팅과 게임에 빠져 있는 너에게
가끔 과일과 주스를 들고
방문을 두드린 이 엄마도
나만의 쪽방에 갇혀 바깥을 힐끔거린 날 있었지

혼자가 되어보렴
누구든, 정말 잠시만이라도

저를 가둘 쪽방 필요한 법이니
너의 방 두드릴 누군가 있던 그때가
희망이었음을 알 수 있도록……

이혼유정(離婚有情)

1.
밥상을 버리고 싶다

식은 찌개를 데우고
대파 송송 계란말이 올라앉던, 저 밥상을
고르던 때가 생각난다
'사랑' 때문이라고 우겼지만
스스로 집착을 만들었다는 걸 알겠다

체로키* 노인이
보름달처럼 둥근 저 밥상을 베었을 때
아프지 말아라, 어린나무야
네 나이테 위에선 펄펄 된장국이 끓고
등 푸른 자반이 놓일 테니

2.
분리수거함 모퉁이에
밥상 하나 어둠 속에 웅크리고 있다

푸른 봄을 살아낸 것들이
종말의 약속으로 깨지고 허물어지며

미간을 오므리는 저녁 위로
아픈 낙엽들이 정처 없이 건들거리고
휘파람 휘익,
불량해진 내 속을 접면하는 칼날
심장을 마구 베이며

※북아메리카 남동부, 애팔래치아산맥 남부에 거주하는 인디언족.

투신

오전 열 시쯤이면 음식쓰레기 봉투를 들고 나오던 남자
유치원에서 돌아오는 아이를 기다리던 남자
마트 어물전 생선에 코를 대보던 남자
큰아이 학예회 때 학교 강당에서 잠시 눈길 마주쳤던 남자
그 남자가,
이십삼 층 베란다에서 투신했다
잠자리 날개보다 가볍게 부서졌다
투신 추정시간 이십 시 오 분

그 시각 나는,
동창과 스피커폰으로 통화를 하며
발톱이나 깎고 있었는데
사는 게 왜 이러냐, 왜 이러냐
밤이 이슥 이슥 도시의 경적에 묻혀갔는데

제4부

노인의 바다

포클레인 앞에서 노인이 낚시를 한다

노인의 바다에는
주먹만 한 곰과
막 부화한 병아리 같은
노랑머리 계집아이가 있다
두 손으로 조종간 잡고
미끼 하나 없이

건져 올릴 무엇이 남은 노인의 바다는
빈 소주병 속 담배꽁초처럼 엉성한데
낚싯바늘에 등 찍힌 곰이
계집아이 울음소리 달고 버둥거릴 때마다
검게 붉어지는 눈동자

바다는 바람 한 점 없고
빈 어망으로 돌아갈
노인의 집은 멀다

내 집에는 악어가 산다

 단번에, 놈들이 본거지를 탈출했다는 소식이 세상 밖으로 퍼졌다. 방향을 잃은 수십 개의 확성기가 연일 그 소식을 전했다. 어기적어기적, 거대한 몸뚱이를 뒤뚱거리며 야음을 틈탔다고 했다. 사육사의 단잠은 단단한 물결 속에 잠겨 있었고, 세상은 그들의 오수를 묵인했다. 위장술은 치밀했다. 나뭇가지를 머리에 꽂고 아랫도리는 야자 잎을 둘렀다. 수풀의 안온함에 젖을 땐 정글에의 정착도 꿈꿨으나 우림에 접어들 때면 약속된 허기처럼 강이 그리웠다.

 발 빠른 아낙들이 약속처럼 집결했다. 놈들의 껍질을 단박에 도려내야 한다며 아우성을 쳤다. 철천지원수가 따로 없었다. 단도가 펄떡이는 심장을 도려냈다. 날카로운 이빨은 끝이 닳은 송곳처럼 무뎠고 강을 누비던 발톱은 더 이상 정글을 울리지 못했다. 여자들은 각자의 저울에 거피의 무게를 달았다. 놈의 살덩이는 한때 제 먹이였던 것의 차지가 되었다. 놈은 죽어서야 뻘구덩이를 빠져나와 각종 연회와 파티, 무수한 행사를 누비는 호사를 누렸다. 불참이라는 말은 허용되지 않았다.

함박눈 내리는 1월의 베란다, 세탁 바구니에 놈들이 웅크리고 있다. 아마존의 열기는 이제 18촉 전구로 충분하다. 먹이를 노리던 눈 부분이었을까. 외풍에 주저앉은 놈들의 껍질 한쪽이 눈 내리는 도시를 오래도록 응시한다. 아마존의 물결이 도시를 범람한다. 심해 같은 밤이 차오르고 꾸오꾸오, 붉은 울음소리 내 방문을 노크한다. 나는 우림의 옷을 입고 정글 속에 눕는다. 기이잉, 눈 내리는 내 꿈속으로 나일강행 비행기가 뜬다.

장어는 마지막 힘을 왜 꼬리에 옮겼나

활어들 활개 치는 어시장 앞바다
평상에 앉아 장어를 굽는다

물속 세상에 비친 달빛을 몸으로 쓸며
한 놈이 튀어 오르다 미끄러졌다
방파제를 거슬러 오르고자 했던 죗값일까
초승달이 마지막 생을 제 갈고리에 걸었다
얼큰한 눈의 나는,
동백같이 댕강 잘린 대가리를 두고서
놈이 바다로 그저 떠밀려 간 것이 아니라
그곳에 닿기 위해서였다고 믿는 것이다

나의 삶같이 미끄덩거리는 장어
단 한 번의 헤엄을 멈춘 적 없었기에
떠나온 태평양을 산란하는 꿈 버릴 수 없었다고
부들부들 마지막 기억을 꼬리에 담아두었던 것이라는데

사라진 내 꼬리뼈는 자꾸만 근질거리고

온몸에 소름 돋는데
내 생의 마지막 힘 어디에 옮겨 둘까
노릇한 놈의 기억 한 점 집어 드는데

그 겨울 달

소 꿈은 죽은 사람 왔다 가는 거라던데
며칠째 아버지가 내 오줌보를 눌러왔다

원래 달빛 자리였던 곳이다
죽음처럼 같이 앉는 그림자 무서워
바지랑대 잡고 마당 한켠에 오줌 누는 밤
오줌 줄기 멀리 가면
먼 데로 시집간다는 얘기 죽기보다 싫어
여기 찔끔 저기 찔끔
끝내는 아랫목에 지도를 그렸다
이제 그 달빛 자리에
늙은 오빠의 예수님이 십자가를 메고 있고
나는 집안의 둥그런 변기에 앉아 오줌을 눈다
아버지도 그림자도 더는 무섭지 않은 밤
때때로 헤어진 남자나 그려보는 속물이 되었는데

빼꼼히 열린 문으로 그 겨울 달이 걸어온다
무얼 먹어도 체중이 되는 사십 중반

밤새 헛구역질만 하던 위 기능 약한 송아지처럼
세상 밖에 서면 자꾸만 절룩거리는
다리 고쳐주러 오시는지
저승에서도 늙지 않은 아버지,
억만 개의 어둠을 열고
천공 속을 걸어오고 있다

남지 오일장

노란 콩 두 되에
까다 만 가랑파
흙을 털지 않은 쑥에
물뿌리개를 흔들어대는 칠순의 할머니
맨홀 앞에 쭈그리고 앉아
오줌을 눈다

겹겹 속곳 아래
반쯤 까발린 우주
속곳 올린 자리에 피어오르는
천지의 흔적
국물에 말아 드신 부끄럼

남지 오일장이
환하다

까맣고 작게

"멸치는 국물로나 쓰지……"

꽃게의 붉은 등이
뽀시시한 양파와 미끈한 대파가
맵디매운 청양고추가
새끼손가락보다 작은 멸치가

온몸을 던져
육수를 우려내는 동안
어묵 국물 휘젓는
할머니의 독설

당신의 큰 죄
어디 한 자락이라도 내려놓을 데 없었던지
백발의 김 영감님
멸치 똥보다 더 까맣게
작아져 있다

어부바

어부바 부리 부비바 내 사랑 나의 부비바
마흔네 살 내 친구 어부바를 부르네요
느닷없이 내릴 뻔한 생의 종착지
예고 없이 내리기엔 이른 나이지요
벌레 먹은 물렁한 허공 흔들며 어부바를 부르네요

어부바 부리 부비바 내 사랑 나의 부비바
반복되는 가락처럼 뱅글뱅글
한 번만이라도 닮아보고 싶었던
노래방의 사이렌 사이키 조명
매일 삶아내던 숯불고기집 물수건처럼
불혹의 찌든 기름기 흐르는 물에 헹궈내고
우윳빛 가슴으로 돌아가고 싶은 걸까요
어릴 적 그녀 집 가는 길엔
젖망울 같은 복숭아 많이도 열렸던데
초여름 바람에 울긋불긋 향내 나는
홍도는 엄마의 젖맛

우리도 부르네요

군데군데 파란 멍 뒤섞인 가슴의 우리도

포근한 엄마의 등에 업혀 바라본

그 붉은 복숭아 닮은 보름달 생각하며

어깨 싸안고 따라 부르네요

어부바 부리 부비바 내 사랑 나의 부비바

사랑이여 오라고

다시 오라고

비밀번호
— 산다는 것

공부하기 싫으면
책이라도 읽으렴

엄마는
제어판을 열어
비밀번호를 잠근다
힌트는 tksek(산다)
놈은
암호를 해독한다
네가 가진 열쇠는 열두 살

멀었다
반짝일 것
많이 기다릴 네게
tksek는
아직 소꿉살이

까치밥 준 송곳니

달빛 아래 얼음처럼 투명해지면
풀 수 있을까
산다는 것의 의미

공부하기 싫으면
책이라도 읽으렴

고등어 굽는 동안

기름을 두르고
기름이 튀고
고등어 한 마리 프라이팬 위에 놓인다
달력을 덮는다
산속 절간 단풍나무가 눈 위에서 붉다

고등어를 구울 때마다
이 풍경을 올렸던 것인지
1월의 모퉁이가 갈색으로 타들었다
온전치 못한 풍경의 귀퉁이들
껄렁한 감정 따위를 떠올리려 했던 건 아니지만
바다 같은 물기를 품은 사랑도
결국은 비린내라는 걸 안다

1월의 모서리들이 뜨겁다
흑갈색으로 타들어 가는 풍경들
저 모퉁이를 돌아가면 그때처럼,
사랑은 나를 기다리고 있을까

다시 돌아눕는 고등어 한 마리

지난한 연애처럼 가난한 부엌
흔적마저 사라져 버린 1월의 기억들이
기름방울처럼 솟구쳐 오르면
나도 따라 눕고 싶지
흰 눈길 위에 내 발자국만 살아
푸른 고등어처럼 바다 속을 유영하던
1월, 그 붉은 단풍 아래
그 속에 누워버리고 싶지

환생

그의 죽음을 안 것은 카톡 프로필에서였다

고아였던 그는
이승에서 엄마를 만나 우동을 먹은 후
싹 비운 설렁탕 그릇을 올리고
'오늘 일을 내일로 미루지 말라'
생활신조도 걸었다

당신은 생전에 도라에몽을 알았나요?

사차원 주머니에서 뱅글뱅글
이발소 간판을 꺼낸 그에게 물었다

-계속해서 움직이는 것처럼 보이되
실제로는 제자리에 있는 것이에요

생전에
터미널 지하상가 계단에 엎드린 그를 보았다

양은그릇에 도라에몽이 떨어졌다
십 원 동전 하나만도 못한,
녹이지도 씹어 먹지도 못할 파란 도라에몽이,

-*실제로 제자리에 있는 것처럼 보이지만*
계속해서 움직이는 거예요

전화기 안에 든 그의 생이
자꾸만 돌고 돈다

낮달

아빠, 푹 자
아빠는 늦게 자면서
왜 이렇게 빨리 일어나?

이상한 결론과 물음

바람은 공기라서
무게도 있고
질량도 있고
공간도 차지한다는데
정작 보이지 않아

얘들은 도대체
어디서 쉬며
쉴 때는 무얼 하는 거지?

마주치다

보신탕집 앞에서
철조망에 갇힌 생(生)들을 본다
한때,
수문장이라는 이름에 빛나고 있던 것들이
하계(下界)의 사슬에 매달려 있다

짝짝짝 껌 소리
구멍 뚫린 시장바구니에 차고,
먹을 것이 궁금한 불혹의 여자를
죽음을 앞둔 놈들이 바라보고 있다
불안한 동공은
생을 선고받은 것들의 약속
놈들의 시선 속으로 내가 갇힌다

생의 물기 증발할 나이
아이 뱄을 리 만무한데
구포시장 보신탕집 앞에서
나는 갑자기 헛구역질을 하고 있다

해설

본래적 존재와 시간성
―김정희 시집 『다음 계절의 처음』 읽기

오민석(문학평론가·단국대 명예교수)

하이데거와 김정희를 읽는 시간

하이데거에게 시간은 존재의 의미가 드러나는 지평(horizon)이다. 시간에 대한 사유를 하지 않는 자는 본래적 존재를 만날 가능성이 희박하다. 시간에 대한 사유는 멀거나 가까운 미래에 누구에게나 보편적으로 다가올 죽음(미래)에 대한 인지에서 시작한다. 죽음은 시간성을 통하여 본래적 존재의 존재성을 드러낸다. 죽음은 존재자의 유한성, 나아가 아무것도 아님(nothingness)을 드러내고, 존재자가 결국 죽음을 향해 있음을 알려준다. 시간성의 먼 축에서 이렇게 죽음을 목도할 때, 즉 죽음을 앞질러 경험할 때, 존재자는 곧 죽을 자신에 대하여 모종의 선구적 '결단'을 해야 한다. 아직 다가오지 않은, 그러나 예외 없이 다가올 죽음은 존재자로 하여금 자신이 먼 어느 순간부터 '지금까지 있어 왔음(기재성, Gewesenheit)'을 발견케 한다. 기재성은 이렇게 죽음의 미래성에 대한 사유를 통하여 존재자의 사유 속으로 들어온다. 하이데거에게 현재란 이렇게 죽음의 미래에서 발원하며 기재성을 경유하며 현존재가 존재를 현전화하는 방식이다. 그에게 근원적인 시간이란 기재하면서 현전화하는 미래로서의 시간이다. 현존재는 오로지 이런 시간성 속에서만 본래적 존재가 된다. 이에 반하여 비본래적 존재는 오로지 현재에만 몰두한다. 비본래적 존재는 죽음의 미래를 사유하지도 않고 지금까지 있어 온 시간성(기재성)을 돌아보지도 않는다. 그것은 오로지 지금 여기의 욕망과 쾌락을 위하여 잡담과 호기심과 애매성에 자신을 맡긴다. 비본래적 존재에겐 현재 외의 시간성이 부재하며 그 어느 것 하나 분명하고 확실한 것이 없다. 애매성이란 이런 무지와 무관심과 혼란의 상태를 말한다. 애매성과 잡담과 호기심은 비본래적 존재의 비본래적 특성이다.

김정희의 시집 『다음 계절의 처음』을 읽는 독자라면 이 시집의 전체 프레임이 죽음에 대한 의식에서 시작하여 시간성과 기재성에 대한 사유, 그리고 그 사이에서 흘러나오는 눈물의 서사에 걸쳐 있음을 알 수 있다.

창밖 저 멀리 붉은 신호등

얽힌, 지독스레 얽힌,

어떤 이의 죽음도 천천히 오지 않는 법

밤이 아니었다면

나만 몰랐을 일이다

전쟁은 아직 오지 않았다
—「밤의 활강—태풍 전야」부분

  죽음은, 활강하는 밤처럼, 곧 닥쳐올 태풍처럼, 아직 오지 않은 전쟁처럼, 경고의 "붉은 신호등"처럼 시간의 머리맡에서 존재를 내려다보고 있다. 존재에 대한 시인의 사유는 이처럼 회피할 수 없는 죽음의 미래를 의식하는 지점에서 시작된다. 죽음이 "천천히 오지 않는"다는 것은, 그것이, 누구에게나, 아무 때나, 갑작스럽게, 단호하게 온다는 말이다.

통천문 앞을 서성이는 건 꿈속을 헤맨다는 것

검은 초록으로 덮인,

그 풀잎보다 깊은 검음을 엿본다는 것

할미꽃 난만한 세상의 결을 만지는 것

배가 아파 죽을 뻔했는데

죽는다는 건 그런 게 아닌데

검은 풀의 경계를 넘어가 다시 돌아오지 않는 것
주제 없는 흑백의 수다를 떨다
소스라치는 냉기에 꿈을 깨는 것
　　　　　　　―「통천문(通天門)을 생각하다」 부분

앞의 작품에서 죽음이 가능성이나 잠재성이라기보다 가시적 현실이라면, 이 작품에서 죽음은 시인의 무의식을 지배하는 힘이기도 하다. "풀잎보다 깊은 검음"이나 "검은 풀의 경계를 넘어가 다시 돌아오지 않는 것"은 무의식(꿈)을 지배하는 죽음의 그림자이다. 김정희 시인에게 죽음은 이렇게 현실(의식)과 무의식의 경계를 넘나들며 존재에 대한 사유를 자극한다.

살아온 날들, 현전하는 과거

미래의 어느 시간에 예외 없이 닥쳐올 죽음은 시인으로 하여금 지난 일들, 과거의 시간, 혹은 현재 완료의 시간을 회상하게 한다. 아직 오지 않았지만, 죽음은 의식과 무의식을 지배하며 시인에게 산다는 것, 살아온 것, 살아갈 일에 대한 사유를 자극한다. 하이데거가 기재성이라 부른 '지금까지 있어 왔음'의 시간성이 소환되는 것은 바로 이런 맥락에서이다.

아이들에게 나이를 팔았다
A에겐 10살을
B에겐 5살을
C에겐 1살을 덤으로 11살을
급작스레 어른이 된 아이들은
책을 덮고
염색에 하이힐에 멋진 차에
룰루랄라
스무 살의 우리는 동갑인데
어라, 이게 뭐야,
납땜 구멍투성이 작업복의 나는
수출자유지역 후문 앞 네거리 빨강 신호등 아래에서
딱딱한 문어 다리를 씹어가며
닳아가는 운동화 코로 땅만 콕콕,
찍어내고 있었다
고장(故障)을 밥 먹던 보일러를 걱정하고
삼거리 복판, 구국 선열처럼 잠들어 있을 아버지
리어카를 구해 집으로
그 먼 집으로 아버지를 싣고 가야 할 텐데

얘들아, 나이를 돌려줘야겠어
뜨겁든 차갑든 견뎌야 하는 것이 있어

> 괜찮다, 괜찮다 다독여야 하는 것이 있어
> 팔 것도 살 것도 없는 지천명
> 그래도,
> 아직 기다려야만 하는
> 어떤 색깔의 불빛이 있어
>
> ―「나이 팔기」 전문

 자식들에게 나이를 팔고 자식들처럼 젊어지자, 시인은 엉뚱하게도 "스무 살"의 과거로 돌아간다. 거기에서 시인은 마산 "수출자유지역"에서 "납땜 구멍투성이 작업복의" 노동자였던 자신을 만난다. 그 나이의 그녀는 "딱딱한 문어 다리를 씹어가며" "닳아가는 운동화 코로 땅만 콕콕" 찍어가며 인생의 의미를 궁구하고 있었다. 가난했던 그녀는 허구한 날 고장 나는 "보일러"를 걱정해야 했고, 삶에 지치고 술에 취해 "삼거리 복판"에 잠들어 있는 아버지를 리어카에 태우고 집으로 모셔 올 걱정을 해야 했다. 이런 일들은, 시인의 기억에 깊게 각인된 것으로 미루어 보면, 일회적이라기보다는 당시에 자주 반복되는 사건이었을 확률이 높다. 그러나 시인은 그 시절을 삭제하길 원하지 않는다. 시인은 아이들에게 나이를 돌려달라고 요구한다. 그것이 어떤 것이었든 간에 삶은 그 자체로 소중한 것이기 때문이다. 아무리 괴롭고 남루한 생일지라도 "뜨겁든 차갑든 견뎌야 하는 것이 있"고 "괜찮다, 괜찮다 다독여야 하는 것이 있"다는 인식은 오로지 본래적 존재만이 감당할 수 있는 삶의 의미이다. 시인은 기재성의 시간을 소환하는 것으로 끝나지 않는다. 시인은 죽음의 시간이 도래할 때까지 남아 있는, "아직 기다려야만 하는/어떤 색깔의 불빛이 있"음을 환기한다. 이렇게 죽음의 미래를 머리맡에 걸어놓고 기재성을 경유하여 존재를 현존화하는 것이야말로 시간성의 지평에서 본래적 존재가 드러나는 방식이다.

    냇가에는 숟가락이 빠져 있고 오래전의 엄마가 밥상을 엎고 나는 순간이동을 한다 폐경이 언제 적이었나 낳지 않은 아이를 고쳐 업으면 아이는 울지 않고 띠는 흘러내리지 않는다

    퍼뜩, 눈을 뜨면 저벅저벅, 쉴 틈 없이 꿈이 걸어온다 술에 절어 다리에 누운 아버지 죽은 사람은 말을 하지 않는다던데 심장이 차에 깔린 아버지가 말한다 민들레처럼 앉아봐 검은 장대가 받쳐줄 거야 뿌리 같은 거 내릴 생각일랑 행여 마

    나뭇잎 위에서 뛰어내려야 발을 디딜 텐데, 까딱까딱 왜 이리 흔들리지? 어제도 내일도 아닌 어떤 곳, 어제와 오늘의 중간 어디쯤에서 꼭대기, 저 꼭대기 끝 나뭇잎은 자꾸

만 나를 흔들고 나는 아이가 떨어질까 봐 띠를 고쳐매고
있다

―「떠다니는 꿈」 부분

김정희는 의식의 세계에서뿐만 아니라 무의식(꿈)의 세계에서도 이렇게 자주 '지금까지 있어 온 시간'을 반추한다. 그러므로 그녀에게 "떠다니는 꿈"은 '떠다니는 시간'이고, 꿈을 꾸는 것은 일종의 시간 여행이다. 그의 무의식에 단골로 등장하는 인물들은 주로 아버지와 어머니이다. 그녀에게 아버지는 주로 술과 관련된 내러티브로 소환되고, 어머니는 그런 남편 때문에 불우했던 모습으로 환기된다. "술에 절어 다리에 누운 아버지"는 늘 죽음을 코앞에 둔 무력하고도 절망스러운 존재로, 결국 "심장이 차에 깔"려 죽은 존재이다. "밥상을 엎"는 어머니는 그런 아버지 때문에 늘 위태로운 상황에 내쫓기는 존재이다. 시인 화자는 이 어지러운 꿈의 시간 어디에, "어제도 내일도 아닌 어떤 곳, 어제와 오늘의 중간 어디쯤에" 있다. 그녀는 이 황량한 풍경 속에서 업고 있는 "아이가 떨어질까 봐" 자꾸 "띠를 고쳐매"는 젊은 엄마로 등장한다. "꼭대기"는 위기와 위험의 정점을 상징한다. 화자는 그런 꼭대기 끝에 서 있고 그 끝의 나뭇잎은 "자꾸만" 화자를 흔든다. 시인의 꿈속에 등장하는 기재성의 시간에서 모든 존재는 위험하고 아슬아슬하며 무력하고 언제나 '아무것도 아닌 상태'가 될 수 있는

것으로 나타난다. 그리고 이런 기재성의 시간은 그런 꿈을 꾸는 화자의 현재로 현전화된다. 기재성의 시간이 유의미한 것은 그것이 지나간 시간 혹은 지금까지 있어 온 시간으로 끝나지 않고 현재의 시간 안에서 반복적으로 현전화되기 때문이다.

> 나의 삶같이 미끄덩거리는 장어
> 단 한 번의 헤엄을 멈춘 적 없었기에
> 떠나온 태평양을 산란하는 꿈 버릴 수 없었다고
> 부들부들 마지막 기억을 꼬리에 담아두었던 것이라는데
>
> 사라진 내 꼬리뼈는 자꾸만 근질거리고
> 온몸에 소름 돋는데
> 내 생의 마지막 힘 어디에 옮겨 둘까
> 노릇한 놈의 기억 한 점 집어 드는데
> ―「장어는 마지막 힘을 왜 꼬리에 옮겼나」 부분

위의 인용 작품에도 기재성의 시간이 등장한다. 불판에서 익어가는 장어의 마지막 시간에서도 시인은 죽음만 보는 것이 아니라 그것이 죽음에 이르기 전에 '있어 온 시간'을 환기한다. 시인은 단 한 번도 멈춘 적 없었던 장어의 '헤엄'과 "떠나온 태평양을 산란하는 꿈"의 기억이 죽은 장어의 "꼬리"에 담

겨 있다고 본다. 장어가 이렇게 시간성의 지평에 놓일 때 은폐되어 있던 장어의 본래적 존재가 탈은폐화한다. 그러므로 하이데거식으로 말하자면, 이 작품은 본래적 존재의 탈은폐화를 보여준다. 장어의 본래적 존재가 시간성의 지평에서 드러날 때, 시인은 자신의 사라진 "꼬리뼈"가 "자꾸만 근질거리고/온몸에 소름 돋"는 것을 느낀다. 만일 본래적 존재의 "마지막 힘" 같은 것이 있다면, 김정희가 볼 때 그것은 시간성의 지평에서 본래적 존재를 현전화하는 데 쓰여야 한다. 시인은 시간성의 지평에서 장어의 본래적 존재가 드러나는 것을 보면서 질문을 던진다. '내'가 지금까지 있어 온(기재성) 시간성 안에서 단 한 번도 멈추지 않고 수행해 온 것은 무엇인가. 내가 떠나온 곳은 어디이며 그것을 "산란하는 꿈"을 버릴 수 없는 이유는 무엇인가. 시간성의 지평은 이런 질문들을 통하여 본래적 존재를 드러낸다.

눈물의 정동, 그리고 눈물은 어떻게 마르는가

김정희의 시간성을 지배하는 정동(affect)이 있다면, 그것은 울음이다. 프로이트가 "정동은 성찰하거나 사유한다기보다는 행한다"고 했던 것처럼, 그녀에게 울음은 정서가 아니라 내장에서 스며 나오는 소리이며, 관념이 아니라 물질이다.

> 손등을 뒤집으면 붉은 손바닥
> 푸릇한 잎사귀 달던 잎맥 같은 실금들
> 네게 가는 길이 이랬을까
> 걸핏하면 신호등에 걸리고
> 60km 제한속도 표지판을 세우고
> 방지턱은 복병처럼 엎드렸지
> 나는 두 손을 쥐고 울었어
> 4월 벚나무 아래는 너무 하얘
> 두 손가락 그러쥐던 그날처럼
> ─「그리움은 지하 2층 주차장에도 있다」부분

  시인에게는 "네게 가는 길"이 있다. 이 작품에서 "네"가 누구인지, 혹은 무엇인지는 명시되어 있지 않다. 분명한 사실은 그것으로 가는 길이 "실금들"처럼 복잡하다는 것, 그리고 그것으로 가는 길에 방해물이 "복병처럼" 가득하다는 것이다. 지금까지 김정희를 읽어온 프레임을 적용하면, 이 시에서 "신호등"과 "방지턱"은 본래적 존재의 탈은폐를 방해하는 다양한 장치들일 수도 있다. 그것들은 추상적인 개념이 아니라 구체적인 사물들이다. 김정희가 기재성의 시간을 반추할 때도 관념이 아니라 구체적인 인물들과 사건, 사고들이 등장한다. 미래의 죽음에서 과거로, 다시 과거에서 현재로 이어지는 시간성의 궤도에서 시인은 "두 손을 쥐고" 자주 운다. 시인에게 울음은 추상화된 기억이 아니라 내장에 각인된 정동이다. "4월 벚나무 아래"에서 "두 손가락 그러쥐던 그날"은 기재성의 시간에서 시인이 온몸으로, 내장으로 겪는 슬픔의 시간이다. 눈물은 "지하 2층 주차장"만이 아니라 "오월의 마늘밭"(「오월의 마늘밭」)에서도 자꾸 흐르고, "갈라파고스"(「갈라파고스로 가자」)에서도 흐르며, "호프 한 잔에 아스피린을 삼키"(「그녀의 아스피린」)는 여자의 얼굴에서도 흐른다.

  그렇다면 김정희의 시에서 눈물은 어떻게 마르는가. 그것은 바로 눈물의 계곡에 빠진 존재들의 시간성에 대한 탐구를 통해서 이루어진다.

> 늙은 여자가 더 늙은 여자를 밀고 간다
> 더 늙을 일이 없는 여자와
> 늙을 일이 조금 남은 여자는 다정하다
> 늙도록 익숙한 길
> 더 늙은 여자의 어깨 위에
> 조금 늙은 여자가 손을 얹는다
>
> 수국은 별을 닮았구나
> 우주별이 내려온 줄 알았구나
>
> 보라에 희고 붉은 길의 끝으로

휠체어가 굴러간다
　　이 길을 돌면 다음 길이 있다는 걸
　　다 안다는 듯 오래전에 알았다는 듯

　　두 여자 다음 계절의 처음으로 걸어간다
　　거의 왔구나, 하면서
　　　　　　　　　　　　　　—「휠체어와 봄」 전문

　시간의 긴 궤도 위에서 "늙은 여자가 더 늙은 여자"가 가는 길은 같다. 앞서거니 뒤서거니 하지만, 모든 존재는 시간성의 고비마다 "이 길을 돌면 다음 길이 있다는 걸", 그리고 그 길의 끝이 어디인 걸 잘 안다. 그들은 모두 죽음의 미래라는 동일한 길을 향해 가고 있다. 그것을 잘 알기 때문에 '늙은 여자'는 '더 늙은 여자'의 아픔을 이해하고 공감하며, 그 아픔의 휠체어를 다정하게 밀고 간다. 만일 이 둘이 가야 할 길이 다르다면, 그 누구도 이런 공감과 사랑의 정동을 보장할 수 없다. 하나의 아픔이 다른 아픔을, 하나의 눈물이 다른 눈물을 밀고 가다가, "다음 계절의 처음"에서 이들이 내뱉는 말—"거의 왔구나"—은 얼마나 정겹도록 슬픈가. 김정희는 은폐되어 있는 본래적 존재를 시간의 지평을 통하여 드러내는 시적 여정의 먼 길 위에 서 있다.

시인동네 시인선 247

다음 계절의 처음
ⓒ 김정희

초판 1쇄 인쇄 2025년 2월 5일
초판 1쇄 발행 2025년 2월 12일
지은이 김정희
펴낸이 김석봉
디자인 헤이존
펴낸곳 문학의전당
출판등록 제448-251002012000043호
주소 충북 단양군 적성면 도곡파랑로 178
전화 043-421-1977
전자우편 sbpoem@naver.com

ISBN 979-11-5896-679-9 03810

*이 책의 판권은 지은이와 문학의전당에 있습니다.
*양측의 서면 동의 없는 무단 전재 및 복제를 금합니다.
*잘못 만들어진 책은 바꿔드립니다.